Ein Tribut an Element of Crime

Eine illustrierte Biografie über die legendäre deutsche Rockband

Element of Crime ist eine deutsche Band, die in der Besetzung Gitarre, Bass, Schlagzeug und Gesang/Trompete melancholisch-chansoneske Pop- und Rockmusik spielt. In der deutschen Musikszene gilt Element of Crime seit über drei Jahrzehnten als eine der einflussreichsten und langlebigsten Bands. Ihre poetischen Texte und die markante Stimme von Frontmann Sven Regener haben Element of Crime zu einer festen Größe im Musikbusiness gemacht.

Im Bild: Element of Crime anlässlich des ersten von drei Konzerten der Schafe, Monster und Mäuse -Tour im Tempodrom in Berlin, 2019

Gegründet wurde die Band 1985 von dem gebürtigen Bremer Sven Regener. Er wurde am 1. Januar 1961 geboren und wurde später auch als Autor des Buchs Herr Lehmann und als Drehbuchautor des gleichnamigen Kinofilms bekannt. Regener singt und spielt Gitarre, Trompete und Klavier.

Im Bild: Sven Regener anlässlich des ersten von drei Konzerten der Schafe, Monster und Mäuse -Tour im Tempodrom in Berlin, 2019

Ein weiteres, bis heute in der Band aktives Gründungsmitglied ist der Gitarrist Jakob Friderichs alias Jakob Ilja, geboren 1959 in Berlin. Er lernte Regener noch bei ihrer gemeinsamen Funkband „Neue Liebe" kennen. Seit 2000 komponiert er für Film und Theater. Von 1998 bis 2001 spielte er regelmäßig bei den 17 Hippies mit. Von 2013 bis 2017 war Ilja Dozent an der Ernst-Busch-Schule.

Im Bild: Jakob Friderichs alias Jakob Ilja anlässlich des ersten von drei Konzerten der Schafe, Monster und Mäuse -Tour im Tempodrom in Berlin, 2019

Der Schlagzeuger Uwe Bauer und der Saxophonist Jürgen Fabritius verließen die Band bereits 1986. Neuer Schlagzeuger wurde dann Richard Pappik.

Zur Urbesetzung von Element of Crime gehörte außerdem der Bassist Paul Lukas alias Veto bis 1995. 1996 veröffentlichte er ein Solo-Album (The Fear of a Singer) und 1998 erschien sein Roman-Debüt IHN. Lukas übersetzt englischsprachige Literatur ins Deutsche und schrieb einen zweiten Roman mit dem Titel Vinyl, der 2012 erschien.

Im Bild: Richard Pappik anlässlich eines Konzerts im Rahmen eines Rockfestivals auf der Meierhofwiese vor der Burg Clam in Klam Oberösterreich, 2016

Der Bandname ist dem gleichnamigen Titel eines Films von Lars von Trier entliehen. The Element of Crime (Alternativ: Spuren des Verbrechens, Originaltitel: Forbrydelsens element) ist der erste Kinofilm des dänischen Regisseurs. Der 1984 erschienene Film ist zugleich der erste Teil der so genannten Europa-Trilogie, gefolgt von Epidemic (1987) und Europa (1991).

Im Bild: Sven Regener anlässlich eines Konzerts, 1991

Am 17. Oktober 1987 kam es bei einem inoffiziellen Auftritt vor 2.000 Zuhörern in der überfüllten Ost-Berliner Zionskirche in Prenzlauer Berg nach dem Konzert zu Übergriffen rechtsextremer Skinheads auf das Publikum.

Im Bild: Sven Regener anlässlich eines Konzerts auf der Waldbühne in Berlin, 1992

Erste Erfolge stellten sich 1987 ein. Das von John Cale produzierte Album Try to be Mensch wurde über 10.000 mal verkauft. Zudem fand die erste große Tour außerhalb Berlins statt. John Cale ist ein britischer Artrock-Musiker mit klassischer Ausbildung in Bratsche und Piano. Er war 1965 Gründungsmitglied der US-Avantgarde-Band The Velvet Underground, stieg aber schon 1968 aus und widmete sich erfolgreich einer Solokarriere.

Im Bild: John Cale anlässlich eines Auftritts, Anfang der 1990er Jahre

Wenig erfolgreich blieben 1989 die Adaptionen mehrerer Lieder von Kurt Weill beim „Festival de la Bâtie". Kurt Weill war ein deutscher und später US-amerikanischer Komponist. Er erlangte zunächst Bekanntheit durch die Zusammenarbeit mit Bertolt Brecht (Die Dreigroschenoper 1928, Aufstieg und Fall der Stadt Mahagonny 1930, Die sieben Todsünden 1933, uraufgeführt am Pariser Théâtre des Champs-Élysées).

Im Bild: Sven Regener anlässlich eines Konzerts in Berlin, Anfang der 1990er Jahre

Auch insgesamt schien die Erfolgszeit von Element of Crime zu Ende zu sein. Da man sich aus finanziellen Gründen eine schöpferische Pause nicht leisten konnte, entschied sich die Band für eine Reform.

Im Bild: Element of Crime beim Bizarre Festival in der Wuhlheide in Berlin, 1992

Die Texte von Element of Crime wurden ausschließlich deutschsprachig. So erschien 1991 mit Damals hinterm Mond das erste komplett deutschsprachige Album. 1992 spielten Element of Crime im Vorprogramm bei Herbert Grönemeyer auf etwa der Hälfte seiner Tournee.

Im Bild: Element of Crime anlässlich eines Konzerts, 1993

1993 landete mit Weißes Papier zum ersten Mal ein Element of Crime-Album in den Charts. David Young (1949–2022), der als Toningenieur und Produzent bereits seit 1988 die Alben der Band aufnahm, begleitete sie fortan als Gitarrist und später als Bassist bei Live-Auftritten.

Im Bild: Jakob Ilja anlässlich eines Konzerts, 1994

Von ihrem Bassisten Paul Lukas trennten sich Element of Crime im Jahr 1995. An seine Stelle trat Christian Hartje, der für die Band den Bass übernahm.

Im Bild: Sven Regener, 1994

1996 entstand Die Schönen Rosen, eine Platte, die mit ihrem kargen Sound und etwas sprödem Charme eher an die frühen, englischen Werke der Gruppe anknüpfte.

Im Bild: Sven Regener anlässlich eines Konzerts in Leipzig, 1996

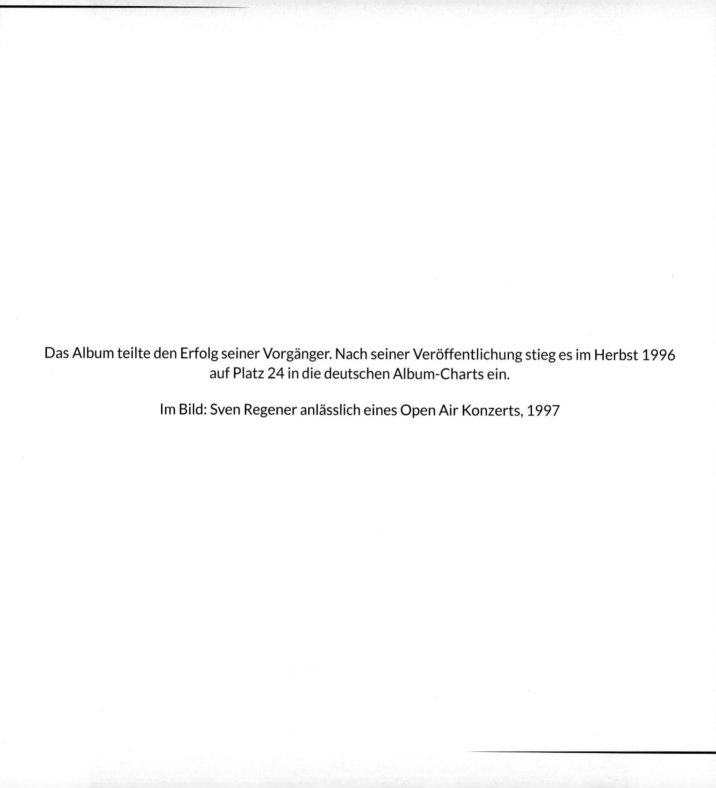

Das Album teilte den Erfolg seiner Vorgänger. Nach seiner Veröffentlichung stieg es im Herbst 1996 auf Platz 24 in die deutschen Album-Charts ein.

Im Bild: Sven Regener anlässlich eines Open Air Konzerts, 1997

Im Frühjahr 1998 begannen Element of Crime mit dem Schreiben neuer Lieder. Unmittelbar nach ihrer jeweiligen Entstehung nahm die Band diese Lieder auf.

Im Bild: Sven Regener und Bassist Veto im Café in Berlin, 1998

So entstand im Laufe des Jahres während einer ganzen Reihe viertägiger Sessions das Album Psycho. Das neunte Album der Band erschien im Frühjahr 1999.

Im Bild: Sven Regener anlässlich eines Konzerts in Leipzig, 1998

Im Anschluss daran begannen sich die Bandmitglieder in Nebenprojekten zu engagieren. Jakob Ilja war bei den "17 Hippies" und „Das dreckige Dutzend" aktiv, Richard Pappik komponierte Kindermusik.

Im Bild: Element of Crime anlässlich eines Konzerts in Bielefeld, Anfang der 2000er Jahre

Christian Hartje und Sven Regener waren Gastmusiker bei „Das Holz". In den Jahren 2000 und 2001 experimentierte die Band an neuen Wegen und arbeitete für Leander Haußmann (Sonnenallee, Peter Pan, Herr Lehmann) im Bereich Theater- und Filmmusik.

Im Bild: Sven Regener bei Fototermin in Hamburg, 2001

Herr Lehmann ist der Titel des Romandebüts von Sven Regener. Das Buch wurde 2001 bei Eichborn veröffentlicht und wenig später im Literarischen Quartett positiv besprochen. Die gleichnamige Verfilmung folgte im Jahr 2003.

Im Bild: Sven Regener bei Fototermin in Hamburg, 2001

Das Album Romantik erschien im November 2001 und hielt sich lange in den Charts. Eher ungewöhnlich für Element of Crime waren die Auftritte bei Rock am Ring und Rock im Park im Jahr 2002, in dem Hartje dann die Band verließ und David Young ihr Bassist wurde.

Im Bild: David Young auf dem Highfield Festival in Hohenfelden bei Erfurt, 2002

Am 30. September 2005 erschien das Album Mittelpunkt der Welt, das elfte Studioalbum der deutschen Band. Es wurde 2005 auf dem Majorlabel Universal Records veröffentlicht.

Im Bild: Sven Regener anlässlich eines Konzerts auf der Museumsinsel in Berlin, 2003

Das Album stieg auf Platz sieben der deutschen Charts und war damit der bis dahin größte Erfolg der Gruppe. Es war zugleich das erste Album, für das die Band eine Goldene Schallplatte erhielt.

Im Bild: Jakob Ilja, Richard Pappik und David Young anlässlich der EinsLive Krone des Radiosenders EinsLive in Oberhausen, 2005

Die bereits am 12. September 2005 veröffentlichte Single Delmenhorst brachte der Band die erste Platzierung in den deutschen Single-Charts ein. Sie rangierte vier Wochen unter den Top 100 (Platz 402 in der Jahresauswertung).

Im Bild: Element of Crime anlässlich eines Konzerts in München, 2006

Die Band feierte eine ausgedehnten Tour zu Mittelpunkt der Welt, um anschließend eine Schaffenspause einzulegen. Im August 2008 kehrten Element of Crime dann mit der Veröffentlichung von sieben neuen Songs (darunter drei instrumentale Stücke) zurück.

Im Bild: Element of Crime beim Populario - Festival in Hoyerswerda, 2007

Diese Songs wurden der Soundtrack zum Film Robert Zimmermann wundert sich über die Liebe. Der deutsche Film von Leander Haußmann aus dem Jahr 2008 entstand nach dem gleichnamigen Roman von Gernot Gricksch, der auch das Drehbuch verfasste.

Im Bild: Sven Regener anlässlich der Filmpremiere zu Robert Zimmermann wundert sich über die Liebe im Berliner Filmpalast, 2008

Die Soundtracks brachten der Band 2009 eine Nominierung für den Deutschen Filmpreis in der Kategorie Beste Filmmusik ein. Als limitierte Vinylsingle erschien zudem der Song Ein Hot Dog unten am Hafen.

Im Bild: Element of Crime mit Schauspieler Tom Schilling und Regisseur Leander Haussmann im Ton-Studio in Berlin, 2008

Am 18. September 2009 erschien das neue Album Immer da wo du bist, bin ich nie, das auf Platz 2 der offiziellen Media-Control-Charts einstieg, die höchste Platzierung in der Bandgeschichte. Im Sommer davor hatten Element of Crime einige Konzerte gespielt.

Im Bild: Element of Crime im Rahmen der Fete de la Musique in Berlin, 2009

Element of Crime traten am 19. November 2009 bei Inas Nacht auf. Ihr Lied Am Ende denk ich immer nur an dich wurde anschließend zusammen mit neun weiteren Gastauftritten auf der Bonus-CD Inas kleine Nachtmusik mit Ina Müllers Album Ich bin die veröffentlicht.

Im Bild: Richard Pappik anlässlich eines Konzertes im Rahmen ihrer Tour in Leipzig, 2010

Anfang 2010 absolvierte die Band eine Tour durch Deutschland, Österreich und die Schweiz. Im August 2010 erhielten Element of Crime für ihr Album Immer da wo du bist bin ich nie ihre erste Goldene Schallplatte.

Im Bild: David Young anlässlich eines Konzertes im Rahmen ihrer Tour in Leipzig, 2010

Fremde Federn ist der Titel der im November 2010 bei Universal erschienenen CD. Diese enthält eine Sammlung von Coverversionen, welche die Band im Laufe der Jahre eingespielt hat.

Im Bild: Element of Crime anlässlich eines Konzerts, 2011

Am 26. September 2014 erschien ihr neues Album Lieblingsfarben und Tiere. Im Januar 2015 hatte die Band einen Auftritt im Tatort Der irre Iwan.

Im Bild: Element of Crime anlässlich eines Konzerts beim WDR 2 für eine Stadt, größtes Radio Event auf dem Schützenplatz in Remscheid, 2014

Die Band arbeitete seit Frühjahr 2017 am Nachfolgealbum von Lieblingsfarben und Tiere. Nachdem die Band bis in den Spätsommer 2017 Konzerte im Rahmen der Veröffentlichung dieses Albums gespielt hatte, wurde im Juni 2018 das neue Album für den Oktober desselben Jahres angekündigt.

Im Bild: Element of Crime live im Zenith in München, 2015

Bereits auf Konzerten im Sommer 2017 sowie bei Auftritten im Frühjahr 2018 (u. a. in der Hamburger Elbphilharmonie) wurden zwei bis dato unveröffentlichte Stücke des anstehenden Albums präsentiert. Dieses erschien unter dem Titel Schafe, Monster und Mäuse.

Im Bild: Sven Regener während eines Auftrittes im Rahmen des Melt! Festival in Ferropolis, Gräfenhainichen, 2015

Zahlreiche Alben haben Element of Crime herausgebracht:

1986 Basically Sad
1987 Try to Be Mensch
1988 Freedom, Love & Happiness
1989 The Ballad of Jimmy & Johnny
1991 Damals hinterm Mond
1993 Weißes Papier
1994 An einem Sonntag im April
1996 Die schönen Rosen
1999 Psycho
2001 Romantik
2005 Mittelpunkt der Welt
2009 Immer da wo du bist bin ich nie
2014 Lieblingsfarben und Tiere
2018 Schafe, Monster und Mäuse
2023 Morgens um vier

Im Bild: Element of Crime anlässlich des Musikfestivals Heimspiel Knyphausen in Eltville 2017

Livealben gehörten auch zum Repertoire der Band:

1990: Live: Crime Pays
2006: Das Köln Konzert
2006: Das Berlin Konzert
2010: Bluebird Tapes (Pier 2 in Bremen, 6. Februar 2010)
2010: Bluebird Tapes (Gasometer in Wien, 9. Februar 2010)
2013: Bluebird Tapes (Lido in Berlin, 23. April 2013)
2013: Bluebird Tapes (Fondation Beyeler in Riehen bei Basel, 16. Juni 2013)
2015: Bluebird Tapes (Jahrhunderthalle in Bochum, 4. März 2015)
2019: Live im Tempodrom

Im Bild: Jakob Ilja auf dem A Summers Tale Festival 2017 in der Lüneburger Heide, 2017

Hier auch noch einmal alle Singles der erfolgreichen Band auf einen Blick:

1987: Something Was Wrong
1987: Nervous and Blue
1988: Long Long Summer
1988: Murder in Your Eyes
1989: The Ballad of Jimmy and Johnny (Promo-Single)
1990: Satellite Town / Surabaya Johnny (Live)
1991: Mach das Licht aus, wenn Du gehst
1992: Damals hinterm Mond / Blaulicht und Zwielicht
1993: Immer unter Strom / Schwere See / Sperr mich ein / Mehr als sie erlaubt
1994: An einem Sonntag im April / Mein dein Tag
1996: Die schönen Rosen / Wenn der Morgen graut
1998: Element of Crime Playing the Fantastic Bee Gees Classic
1999: Jung und schön (Promo-Single) / Du hast mir gesagt / Michaela sagt
2000: Irgendwo im Nirgendwo
2001: Seit der Himmel (Promo-Single) / Die Hoffnung, die du bringst (Promo-Single)
2005: Nur mit Dir 2005 (Promo-Single) & Delmenhorst
2006: Straßenbahn des Todes
2008: Ein Hotdog unten am Hafen
2009: Immer da wo du bist bin ich nie / Am Ende denk ich immer nur an dich
2010: Der weiße Hai
2014: Liebe ist kälter als der Tod & Lieblingsfarben und Tiere
2018: Weihnachten
2023: Unscharf mit Katze

Im Bild: Element of Crime auf Tour zum neuen Album Schafe, Monster und Mäuse live im Großen Sendesaal des rbb in Berlin, 2018

Auch lieferte die Band einige Sampler- und Soundtrack-Beiträge:

- Heimweh (Freddy-Quinn-Cover) auf dem Soundtrack von „Die fetten Jahre sind vorbei" (2004)
- Leider nur ein Vakuum (Udo-Lindenberg-Cover) auf „Hut ab! Hommage an Udo Lindenberg"
- Gimme Gimme Shock treatment (Ramones-Cover) auf CD-Beilage „Tribute to Ramones" des Musikexpress (Ausgabe 1214)
- Auf der Espressomaschine (Franz-Josef-Degenhardt-Cover) auf „The Return of the Furious Swampriders"
- Motorcycle Song (Arlo-Guthrie-Cover) auf „Furious Swampriders"
- Nervous and Blue auf dem Soundtrack „Herr Lehmann"
- My Bonnie Is over the Ocean und It's all over now, Baby Blue (Bob-Dylan-Cover) auf dem Soundtrack „NVA" (2005) sowie der Single zu Straßenbahn des Todes
- Und du wartest und Wenn der Morgen graut Sex II. Sibylle Berg, Audio-CD, (1999)
- Kavallerie auf dem Soundtrack zu Immer nie am Meer
- Sieben Songs auf dem Soundtrack zu "Robert Zimmermann wundert sich über die Liebe" (2008)
- She Brings the Rain (Can-Cover) auf der CD-Beilage des Rolling Stone Magazines (Jubiläums-Ausgabe 10/2009)
- I Started a Joke, Bee-Gees-Cover auf "We love the Bee Gees" (1997)

Im Bild: Sven Regener während eines Konzertes im Berliner Tempodrom, 2019

Im September 2022 verstarb der langjährige Bassist David Young, der die Band wenige Wochen zuvor aus gesundheitlichen Gründen verlassen hatte. Im Februar 2023 erschien Unscharf mit Katze als Vorabsingle des angekündigten Albums Morgens um vier, das am 6. April 2023 veröffentlicht wurde.

Im Bild: David Young anlässlich des ersten von drei Konzerten während der Schafe, Monster und Mäuse -Tour im Tempodrom in Berlin, 2019

Von ihren Anfängen in den späten 1980er Jahren bis hin zu ihrem anhaltenden Erfolg und ihrer künstlerischen Relevanz in der Gegenwart hat Element of Crime eine musikalische Reise unternommen, die sowohl ihre Fans als auch die Kritiker gleichermaßen beeindruckt hat.

Die künstlerische Vision und der einzigartige Stil von Element of Crime umfasst eine Mischung aus melancholischem Storytelling, eingängigen Melodien und eindringlichen Texten. Sie wirft auch ein Licht auf die tiefgreifende poetische Sensibilität von Sven Regener, dem Frontmann der Band, der mit seiner ehrlichen und oft introspektiven Lyrik eine starke Verbindung zu seinem Publikum aufbaut. Ihre Songs haben die deutsche Popmusik geprägt und sich mit Themen wie Liebe, Verlust, Einsamkeit und der Suche nach Identität auseinandergesetzt, was zu einer breiten Fangemeinde geführt hat.

Im Bild: Element of Crime in der Swiss Life Hall in Hannover, 2019

Impressum

Alle Bilder sind urheberrechtlich geschützt. Sie dürfen nicht in irgendeiner Form (durch Fotokopie, Mikrofilm oder ein anderes Verfahren) ohne schriftliche Genehmigung des Verlages reproduziert oder unter Verwendung elektronischer Systeme gespeichert, verarbeitet, vervielfältigt oder verbreitet werden.

Texte vom Autor und teilweise aus: Wikipedia, Die freie Enzyklopädie. URL: https://de.wikipedia.org/

Der Text ist unter der Lizenz „Creative Commons Attribution/Share Alike" verfügbar. https://de.wikipedia.org/wiki/Wikipedia:Lizenzbestimmungen_Creative_Commons_Attribution-ShareAlike_3.0_Unported

Dieses Buch wurde vom Künstler oder Management nicht autorisiert.

Printed in the EU

ISBN 978-3-7505-3698-2

Bildnachweise

imago images / Carsten Thesing; imago images/POP-EYE; imago images/POP-EYE; imago/Rudolf Gigler; imago images/BRIGANI-ART; imago/BRIGANI-ART; imago images/BRIGANI-ART; imago/BRIGANI-ART; imago/BRIGANI-ART; imago images/BRIGANI-ART; imago images/BRIGANI-ART; imago/BRIGANI-ART; imago/Seeliger; imago stock&people; imago images/POP-EYE; imago/Seeliger; imago stock&people; imago stock&people; imago images/teutopress; imago/Thomas Bergmann; IMAGO/Wolfram Weber; imago/Sven Simon; imago/Stefan M Prager; imago images/POP-EYE; imago images/BRIGANI-ART; imago images/POP-EYE; imago stock&people; imago stock&people; imago stock&people; imago/Votos-Roland Owsnitzki; imago images/Eventpress; imago/Stefan M Prager; imago/STAR-MEDIA; imago/opokupix; imago/Future Image; imago/POP-EYE; imago images / Carsten Thesing; imago images/POP-EYE; imago images / Wallmüller

Printed in France by Amazon
Brétigny-sur-Orge, FR